QUELQUES IDÉES

A PROPOS

DE LA FUTURE LOI ÉLECTORALE

ET

DES LOIS CONSTITUTIONNELLES

ROUEN. — IMP. MÉGARD ET Cᵉ, RUE SAINT-HILAIRE, 136.

QUELQUES IDÉES

A PROPOS

DE LA FUTURE LOI ÉLECTORALE.

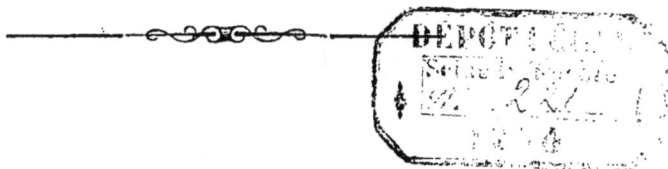

Rouen, 10 Juin 1874.

Indépendamment des autres améliorations généralement reconnues indispensables, il faudrait encore et à tout prix que les nominations de députés faites par des majorités *relatives* fussent rendues beaucoup plus rares ; car elles faussent toujours la vérité et la sincérité de la représentation nationale, en donnant parfois à certaines opinions dans le Parlement l'apparence d'une importance qu'elles n'ont pas en réalité dans le pays. Et même il pourrait arriver qu'un jour, par suite d'un concours de circonstances fortuites ou habilement préparées, un peu plus de la moitié des députés ayant été nommés par des *majorités relatives* formées d'un quart à peine des électeurs inscrits, ces députés formeraient dans le Parlement une majorité *légale* qui disposerait à son gré des destinées de la France ! Et cependant les députés composant cette MAJORITÉ ne représenteraient en réalité que le *huitième* environ du nombre total des électeurs !!! Un système électoral qui laisse la porte ouverte à de telles éventualités, doit être nécessairement, ou modifié de manière à les rendre désormais impossibles, ou même tout à fait abandonné.

LE SYSTÈME ACTUEL MODIFIÉ.

Dans les circonstances présentes, la Chambre ne pourrait peut-être pas songer à faire, fût-elle parfaite, une loi électorale qui apporterait au système actuel de profondes modifications. Mais en attendant mieux, et pour éviter qu'à l'avenir on puisse jamais adresser aux

membres de la majorité dans les futures assemblées le reproche de
ne pas représenter la majorité du pays, la Chambre pourrait déclarer
qu'en principe, nul ne devra désormais être élu député qu'à la
condition d'avoir obtenu, *directement* ou *indirectement,* la majorité
absolue des suffrages des électeurs inscrits dans sa circonscription,
quel que soit d'ailleurs *le nombre des abstentions ;* et que l'élection
d'un député par ce qu'on a bien voulu appeler la *majorité relative,*
qui n'est en définitive qu'une réelle et bien incontestable minorité, ne
pourra plus avoir lieu que très-rarement et par exception, et seulement après que tous les efforts auront été faits pour donner à la vraie
majorité le temps et les moyens de se dégager et de se constituer.

A cet effet, les électeurs seront prévenus d'avance que si le scrutin
de ballottage ne produit encore qu'une majorité *relative,* désormais
insuffisante pour faire un député, l'élection *directe,* s'étant montrée
deux fois impuissante à donner à personne la majorité *absolue,* cé-
dera la place à l'élection *indirecte,* et qu'alors tous les élus de ce
deuxième scrutin, nommés d'ailleurs en prévision de cette éventualité, deviendront par le fait les mandataires de la circonscription
tout entière, dont tous ensemble ils possèdent toutes les voix, et
auront la mission de continuer l'œuvre électorale, en se concertant
pour grouper les suffrages éparpillés de chaque nuance de l'opinion
publique, les reporter sur un petit nombre de candidats d'élite, et
aider ainsi à la manifestation de la vraie majorité.

Mais comme chacun de ces mandataires ne doit raisonnablement
concourir au résultat définitif de l'élection que dans la mesure exacte
de la confiance qu'il a inspirée à ses électeurs, déterminée par le
nombre de suffrages qu'ils lui ont donnés, une carte de *délégué* lui
sera remise, contenant et constatant le nombre des suffrages obtenus.

Cette carte est cessible et transmissible à volonté, comme les *effets
de commerce,* par voie d'endossement.

Dans un troisième et dernier scrutin, dit de concentration, qui
aura lieu au chef-lieu de la circonscription, et auquel les délégués
seuls seront admis, chaque *délégué* devra reporter sur un *candidat* de
son opinion *toutes* les voix qu'il a lui-même reçues. Pour cela, il
inscrit sur sa *carte de délégué* le nom du *candidat* de son choix, la
signe et s'en sert comme de bulletin de vote.

Ce vote définitif aura lieu huit jours après le scrutin de ballottage ;
pendant cet intervalle, tous les *délégués* devront et pourront *effecti-
vement* se réunir, se concerter et s'entendre, pour reporter sur les
plus dignes tous les suffrages qui leur ont été attribués et donner
ainsi à l'un d'eux, ou la majorité absolue réglementaire, ou du moins
une très-forte majorité relative, qui alors, mais seulement alors,

fera du candidat qui l'aura obtenue le député de la circonscription.

Les circonscriptions électorales, qui doivent nommer chacune un député, devraient autant que possible être égalisées et contenir de 95,000 à 105,000 habitants ; un plus grand écart ne saurait être admis sans provoquer de justes réclamations. Dans ce but, certains départements devront emprunter ou céder à un département limitrophe quelques communes ou même quelques cantons.

Sans être parfait, ce système atténuerait du moins considérablement les erreurs, les surprises et les malentendus inhérents au système actuel. De plus, les abstentions seront évidemment moins nombreuses, et les choix plus *libres* et plus *intelligents*, quand chaque électeur aura la certitude que, s'il ne réussit pas, *par l'élection directe*, à avoir le député de *son choix*, son vote au moins ne sera pas perdu, puisque, *par l'élection indirecte*, sa voix ira se joindre aux suffrages de ses amis politiques, grossir leur nombre et contribuer souvent ainsi à la nomination d'un député de *son opinion*.

Il est vrai qu'alors les opérations électorales seront un peu plus lentes ; mais ce qui importe surtout ici, ce n'est pas que l'élection se fasse *vite*, mais qu'elle se fasse *bien*, et que la majorité dans la Chambre représente bien incontestablement la majorité du pays.

La modification proposée est d'autant plus indispensable en ce moment, que l'Assemblée qui sortira des prochaines élections doit continuer l'œuvre de réorganisation du pays, lui donner peut-être une constitution définitive, ou du moins maintenir le *statu quo*, tant qu'une majorité *absolue* nettement accentuée ne se constituera pas en faveur d'une *monarchie* ou d'une *république*, franchement définie d'avance et non susceptible d'équivoque. Sans cela, en effet, aucune solution définitive n'est *légalement* possible. Dans de telles conjonctures, il ne faut pas que l'ombre même d'un doute puisse s'élever sur la légitimité des résolutions de la future Assemblée ; ce qui ne manquerait pas d'arriver, si un grand nombre des membres de cette Assemblée ne devaient leur élection qu'à des majorités *relatives*, c'est-à-dire à de véritables et quelquefois très-faibles minorités. Tandis qu'au contraire ses décisions auront une incontestable et inattaquable autorité, si chacun sait positivement qu'elles ont été prises à la majorité absolue des voix dans une Assemblée dont chaque membre a été lui-même nommé par la majorité *absolue* des électeurs inscrits dans sa circonscription. La France gagnerait à cela beaucoup de calme et de sécurité à l'intérieur ; car les minorités, qui s'indignent et s'insurgent même contre le pouvoir d'une autre minorité plus audacieuse ou plus habile, finissent toujours par s'incliner devant le prestige d'une majorité incontestable et de bon aloi.

———

La Chambre, qui rendrait ainsi son principe d'autorité et ses actes tout à fait inattaquables, en décidant que désormais, dans son *élection* comme dans ses *votes*, le principe des majorités *absolues* serait toujours rigoureusement appliqué, devrait en même temps purifier les sources mêmes de cette autorité, en écartant de son origine tout ce qui pourrait être pour elle une cause de faiblesse, d'impuissance ou de déconsidération. Elle devrait régler les conditions de l'exercice du droit de vote par une loi parfaitement démocratique, mais aussi parfaitement fondée en raison, qui, comme nous l'avons déjà dit ailleurs, confierait aux *abeilles seules*, voire même aux plus petites, l'accès, le soin et la garde de la *ruche sociale*, et en tiendrait soigneusement éloignés les *guêpes* et les *frelons* de toutes les grosseurs.

Cette loi, pour parler sans métaphore, inscrirait sur les listes électorales le travailleur modeste et économe, qui, même ayant peu ou gagnant peu, dépense moins encore, et trouve ainsi moyen d'avoir *toujours* une petite réserve qui lui permette de traverser sans demander rien à personne les jours d'hiver ou de chômage ; mais elle rayerait de ces listes, du moins pour quelque temps, tous ceux qui, par suite de faiblesse, d'incapacité, d'imprévoyance, ou d'intempérance, consomment plus qu'ils ne possèdent ou ne produisent; tous ceux qui, même ayant beaucoup ou gagnant beaucoup, dépensent encore davantage et sont bientôt forcés ou de faire des dettes qu'ils ne peuvent payer, ou de réclamer des secours ou des soins dans des établissements de charité ; tous ceux enfin qui, bien loin d'être les pourvoyeurs du budget de l'assistance publique, en sont réduits à se faire nourrir ou soigner aux dépens de l'épargne de leurs frères plus laborieux ou plus économes; ce qui n'est ni bien, ni juste, ni honorable.

Et ainsi les indigents, les assistés, les insolvables, et tous ceux qui ont commis des erreurs ou des fautes, seraient pour un temps plus ou moins long privés de l'exercice du droit de vote ; ils seraient dans l'État, comme les enfants, les mineurs, les prodigues et les interdits dans la famille, les pupilles de la société, qui pourra bien leur donner quelques secours ou même un asile, mais non le droit de voter; car il est tout à fait inadmissible qu'un homme qui, par un motif quelconque, ne sait pas ou ne peut pas faire honorablement ses propres affaires, puisse être supposé apte à faire les affaires de l'Etat, et, comme tel, être admis à concourir de près ou de loin à l'administration de la chose publique.

Sans doute, cette mesure générale atteindra quelques infortunes imméritées; mais pour éviter cet inconvénient, il faudrait une enquête sérieuse, une sorte d'inquisition, pour rechercher les causes vraies de la misère de chacun; ce qui présenterait encore de bien plus graves inconvénients. Le remède serait pire que le mal.

Donc, pour suppléer en quelque sorte aux garanties de responsabilité et d'indépendance que d'autres nations croient trouver dans le maintien d'un cens plus ou moins élevé, la Chambre devrait au moins exiger de l'électeur une probité, une dignité, une honorabilité parfaites, et un grand respect de lui-même et de la société qui l'appelle dans ses comices.

Elle devrait priver de l'exercice du droit de vote, pour un temps *plus ou moins long*, celui qui se montrerait *plus ou moins indigne* de ce droit; alors les préliminaires de la loi électorale pourraient se formuler ainsi :

Sont électeurs tous les Français âgés de vingt-cinq ans accomplis, ayant depuis trois ans un domicile fixe et réel dans la commune ou *justifiant de trois années consécutives* de domicile dans une autre localité ; excepté pourtant les *criminels*, les *indignes* et les *incapables*, c'est-à-dire ceux qui ne remplissent pas toutes les conditions de probité, de moralité et d'honorabilité parfaite, raisonnablement indispensables à l'exercice sérieux du droit de vote, savoir :

1° Les condamnés à des peines afflictives ou infamantes, qui ont perdu *pour toujours* le droit de voter ;

2° Ceux qui ont encouru ou subi, pendant les dix années qui précèdent le vote, des peines correctionnelles pour vol, escroquerie, abus de confiance, etc. ;

3° Ceux qui, pendant les cinq années qui précèdent l'élection, ont été condamnés à des peines même légères, pour coups et blessures, rébellion, tapage nocturne, ou pour ivrognerie, mendicité, vagabondage, etc. ;

4° Ceux qui ne font pas honneur à leurs affaires, à leur signature, à leurs engagements, et cela tant qu'ils n'ont pas exécuté les jugements, même de justice de paix, qui auraient été rendus contre eux ;

5° Ceux qui ne peuvent subvenir à tous leurs besoins et à ceux de leur femme et de leurs enfants, et ont eu quelquefois besoin, pendant les trois années qui ont précédé l'élection, de recourir à la charité publique en demandant leur admission dans les hôpitaux, maisons de refuge ou autres établissements de bienfaisance, soit en faisant ou laissant inscrire, eux ou les leurs, sur les registres de l'assistance publique.

Ainsi, après les erreurs et les fautes, une période d'honorabilité sans tache, plus ou moins longue selon les cas, une sorte de stage d'honneur serait exigé de l'électeur. De même qu'une infirmité physique empêche d'être soldat, une infirmité morale même légère empêcherait d'être électeur; et alors, comme l'armée l'est au physique, le corps électoral serait, au moral, l'élite de la nation.

La Chambre pourrait encore rendre le vote *obligatoire*, en déclarant simplement qu'une sorte de blâme civique serait infligé à ceux qui s'abstiennent; leurs noms seraient inscrits : 1° sur un tableau qui resterait affiché dans la salle de la mairie jusqu'à une élection subséquente, et 2° sur un registre procès-verbal destiné à faire partie des archives de la commune.

Mais si le vote est rendu obligatoire, il faut qu'en même temps il soit rendu possible et facile pour tous les électeurs, même pour les absents. Dès lors il faudrait que, sans se rendre personnellement au scrutin, chacun pût envoyer à un électeur de ses amis sa carte d'électeur et son bulletin de vote, réunis dans un pli cacheté qui porterait pour *suscription*: « Mon bulletin de vote pour l'élection du....» avec la signature de l'absent et l'adresse de son domicile, le tout *écrit de sa main*. Le pli sera présenté au président du scrutin, qui en brisera le cachet, comparera la signature de la carte d'électeur avec celle de la suscription, prendra le bulletin plié et le déposera dans l'urne, comme d'usage, sans l'ouvrir; et ainsi le vote sera secret et parfaitement régulier.

Quelques modifications complémentaires devraient aussi, ce semble, être introduites dans le régime intérieur de la Chambre.

1° Il faudrait que les réunions appelées aujourd'hui extra-parlementaires entrassent dans ses habitudes journalières, sous le nom de *comités*, correspondant aux six principales nuances de l'opinion publique, et pussent tenir leurs séances dans le palais même de l'Assemblée; de sorte que tous les députés pourraient toujours très-facilement se réunir dans leurs comités respectifs, soit pour y préparer *en famille* les nominations des commissions ou des bureaux, soit pour y étudier certaines questions, et se concerter d'avance sur les propositions ou les amendements qu'il conviendra de soutenir ou de combattre, quelquefois dans un intérêt de parti, mais le plus souvent en vue de l'intérêt du pays tout entier ; souvent même un incident inattendu peut rendre nécessaire la réunion immédiate d'un ou de plusieurs comités, si les bureaux de ces comités jugent urgent de prémunir leurs membres contre quelque surprise ou quelque danger ; ce qui devrait toujours avoir lieu après la clôture de chaque discussion, et avant de passer au vote.

2° Toutes les commissions seraient désormais nommées de la manière suivante : Si l'on suppose que dans une Chambre composée de 360 députés, par exemple, on ait à former une commission spéciale de 24 membres, tous les députés, pendant une interruption de séance, se rendent dans leurs comités respectifs, se forment librement, par groupes de quinze personnes, autour d'un collègue dont la spécialité leur est connue et le nomment à l'unanimité membre de cette commission. Cette nomination est constatée par un procès-verbal signé de l'élu acceptant et des 14 députés qui l'ont choisi.

Tous les groupes de tous les comités procédant de la même manière, il est bien évident qu'alors chaque commission *spéciale* contiendra toujours, dans la même proportion que la Chambre elle-même, des hommes de toutes les opinions et d'une même spécialité.

3° Pour le renouvellement des bureaux, au lieu de procéder par le tirage au sort, qui produit parfois de si singuliers résultats, les 360 députés, par exemple, se rendent encore dans leurs comités respectifs, au milieu de leurs coreligionnaires politiques, et se forment librement en groupes composés chacun d'un nombre de personnes égal au nombre des bureaux qu'il s'agit de former : douze par exemple. Les douze députés de chaque groupe devront autant que possible avoir les mêmes aptitudes ou une même spécialité ; chaque groupe de chaque comité devant fournir un membre à chacun des douze bureaux, il en résultera nécessairement que chaque bureau contiendra *toujours*, comme la Chambre et dans les mêmes proportions que la Chambre elle-même, des députés de toutes les opinions et de toutes les spécialités ; et chaque député fera partie du premier, deuxième ou troisième bureau, etc, suivant que son nom occupera le premier, deuxième ou troisième rang sur la liste où sont apposées par ordre alphabétique les signatures des douze députés qui composent le groupe dont il fait partie.

Souvent, dans les divers comités, quelques groupes resteront incomplets ; alors les bureaux des comités conservateurs, par exemple, pourront se réunir et se concerter pour compléter quelques-uns de leurs groupes. Ceux des autres comités en feront autant.

En rentrant en séance, les trente listes de douze noms seront déposées sur le bureau de la Chambre, et les *bureaux* se constitueront immédiatement, chaque député connaissant le bureau dont il fait partie, par le rang que son nom occupe sur la liste de son groupe.

De cette manière, dans toutes les commissions comme dans tous les bureaux, les *minorités* seront partout représentées ; et partout aussi la *majorité* se retrouvant toujours la même, cette circonstance lui donnera plus de consistance et de fixité, et imprimera en même temps à ses travaux et à ses résolutions un ensemble et un esprit de suite qui leur font quelquefois défaut.

4° Enfin, dans tous les conseils élus, et surtout dans la Chambre, dans ses bureaux et ses commissions, pour être toujours inattaquables et respectées, *toutes* les résolutions devront désormais être votées à la *majorité absolue* des voix, quel que soit le nombre des absences ou des abstentions. Personne alors ne doit s'abstenir, et au moment du vote surtout, *tous* les députés doivent être toujours *présents* ou *représentés*, afin de pouvoir prendre à tous les votes une part directe ou indirecte. Pour qu'il en soit ainsi, chaque député devra avoir donné d'avance à un collègue et ami dont il est sûr, un *mandat écrit* qui lui donne le droit de voter pour lui en cas d'absence.

Ces votes exprimés par procuration, en conséquence d'un mandat régulier donné librement et en parfaite connaissance de cause par le mandant, et révocable à volonté, présenteraient à peine quelques inconvénients de détail, rares et sans importance, tandis qu'ils préviendraient efficacement le très-grave inconvénient des votes de surprise ou autres, obtenus d'une Chambre trop souvent incomplète et dont on peut alors, avec quelque raison, contester la validité et l'autorité.

Le scrutin aussi doit être plus exact et plus rapide, dût-on employer pour cela, qu'on nous pardonne cette idée, le *tourniquet* des grandes expositions. Seuls, tous ceux qui disent *oui* se déplacent, le traversent et vont déposer sur le bureau leur carte et *leur mandat, s'ils en ont un ;* et alors, le chiffre donné par le *tourniquet*, augmenté du nombre des mandats déposés, donnera sans erreur possible le résultat exact du vote.

Enfin, aucun ministre ou aucun ministère ne devra désormais se retirer que devant un vote spécial de la Chambre, déclarant qu'il n'a plus sa confiance.

———

La majorité conservatrice dans la Chambre est composée de partis très-divers, unis dans un but de conservation sociale, mais qui n'ont pas abdiqué leurs préférences ou leurs sympathies politiques ; cette majorité est peu sûre de son lendemain ; aussi elle ne doit pas se laisser persuader que la loi électorale doit être assimilée aux autres lois constitutionnelles et même renvoyée après elles. Il y aurait à cela un grand danger ; car la discussion de ces lois, qui engagent ou préjugent l'avenir de la France, semble devoir réveiller les dissidences, dissoudre toute majorité et réduire l'Assemblée à une impuissance absolue ! A moins pourtant que quelques combinaisons ingénieuses et loyales tout à la fois, ne parviennent une fois encore à satisfaire *toutes* les fractions conservatrices de la Chambre ; ce qui n'est peut-être pas absolument impossible.

Mais, dans tous les cas, la majorité conservatrice ne doit pas vouloir courir ces chances ; c'est pourquoi la loi électorale, loi exclusivement conservatrice, et dont tous les conservateurs de l'Assemblée et du pays reconnaissent la nécessité et l'urgence, doit être avant toute autre maintenant, discutée et votée à *l'unanimité* par la majorité conservatrice tout entière ; et cette unanimité lui sera certainement donnée, si les réformes introduites ont été toutes étudiées avec un grand esprit de justice, de loyauté et d'impartialité.

Sans doute, comme beaucoup d'autres, ce nouveau système électoral se préoccupe trop du *nombre*, et pas assez de la *qualité* des votes. Les intérêts n'y sont pas assez représentés. Ceci est un mal ; mais on pourrait y remédier dans une certaine mesure, en exigeant des candidats une maturité et certaines garanties qu'on ne demande pas aux électeurs, savoir : trente-cinq ans d'âge ; dix ans de domicile dans le département ou dans un département limitrophe, une position entièrement indépendante, et un cens d'éligibilité tout à fait en rapport avec l'importance de la mission qui leur est confiée. Car il faut bien, généralement du moins, qu'on soit à l'abri de toute mesquine préoccupation d'intérêt privé, pour pouvoir, avec un plus complet désintéressement, consacrer tout son temps et tous ses soins à des fonctions publiques qui devraient toujours être gratuites ; et de plus on donnerait ainsi à de jeunes intelligences, souvent plus généreuses qu'expérimentées, le temps de se montrer à l'œuvre pour leur propre compte, avant d'entrer dans la vie publique, et l'occasion d'acquérir en même temps un peu de cette expérience *pratique* des hommes et des choses, que le génie même ne saurait suppléer.

A PROPOS

DES LOIS CONSTITUTIONNELLES

Rouen, 20 Juin 1874.

I.

DE LA FORMATION D'UNE SECONDE CHAMBRE.

A l'heure présente, le mode de formation d'une seconde Chambre et le choix de ses membres offrent les plus grandes difficultés ; car, pour être accepté et voté par toutes les fractions conservatrices de la Chambre, il faut qu'il convienne également à une république conservatrice et à une monarchie légitime et constitutionnelle. Cependant il semble que toutes ces formes de gouvernement régulier pourraient admettre sans objection sérieuse une seconde Chambre, Grand Conseil ou Sénat, composé de membres : 1° ayant 45 ans au moins, 2° nommés à vie, 3° choisis parmi les plus grandes illustrations et parmi les plus hautes notabilités de la France entière, 4° en nombre à peu près égal à ceux des députés, 360 par exemple, 5° enfin non rétribués.

Pour désigner les premiers sénateurs, et pour cette fois seulement, le président de la République serait chargé de choisir 30 candidats parmi les illustrations de la France les plus grandes et les plus incontestées, lesquels, avant d'être sénateurs, auront à subir individuellement le contrôle et à obtenir l'approbation de la Chambre. D'un autre côté, la Chambre devra aussi, pour cette fois seulement, désigner 30 noms choisis par elle parmi les plus grandes illustrations et les plus hautes notabilités, lesquels devront aussi, avant d'être sénateurs, subir le contrôle et obtenir la sanction du président de la République.

Ces soixante sénateurs formeraient un premier noyau, qui tout d'abord procédera pour le choix des autres membres du Sénat, comme le Sénat lui-même devra procéder plus tard pour le remplacement des sénateurs décédés, c'est-à-dire que ces 60 sénateurs choisiront 20 candidats dont la nomination devra être approuvée par la Chambre et sanctionnée par le président de la République. Alors les 80 sénateurs choisiront un nouveau groupe de 20 candidats, et continueront ainsi jusqu'au nombre de 180 membres, formant la moitié du nombre total des sénateurs, et cela dans le but de réserver l'avenir en laissant à la future Assemblée la possibilité de contrôler, de rejeter ou d'admettre les nominations de la deuxième moitié du nombre total des sénateurs. Et ainsi, pour arriver à être sénateur, il faudrait avoir subi le contrôle et mérité l'approbation des trois pouvoirs de l'Etat. Mais plus la difficulté d'y arriver sera grande, plus grande aussi sera la considération qui s'attacherait au titre de sénateur, et au Sénat tout entier.

Un Sénat composé seulement d'hommes éminents, d'une valeur incontestable, et qui ne seraient appelés à l'honneur d'en faire partie qu'après trois épreuves successives, et après avoir subi le contrôle et obtenu l'assentiment des trois grands pouvoirs de l'Etat, un tel Sénat aurait certainement un grand prestige et conviendrait également bien à une république conservatrice et à une monarchie légitime constitutionnelle, et son mode de formation pourrait dès lors être accepté et voté par la majorité *conservatrice* tout entière.

II.

DE LA RÉÉLECTION DU PRÉSIDENT.

Une question bien plus délicate encore, parce qu'elle préjuge l'avenir, est celle de la transmission des pouvoirs du président actuel de la République à l'expiration de son mandat. Si, dans la future Assemblée, une majorité absolue fortement accentuée ne se constitue pas en faveur, non pas de la *monarchie* ou de la *république*, expressions génériques que chacun entend et explique à sa façon, mais en faveur *d'une monarchie* ou *d'une république* loyalement définie d'avance et non susceptible d'équivoques, il est bien évident que le *statu quo* devra être maintenu ; car alors, aucune solution définitive, régulière et légale, ne sera possible, pas plus que maintenant. En prévision de cette éventualité, on pourrait déterminer dès maintenant que celui qui alors succéderait au président actuel serait nommé de la manière suivante :

Le Sénat, après un sérieux examen, choisira, à la majorité absolue des voix, un homme éminent comme candidat à la présidence. Ce choix sera soumis à l'examen et à l'approbation du Parlement ; et ce candidat, pour être définitivement nommé président de la République, devra obtenir la majorité absolue des voix dans la Chambre, dont la majorité représente la majorité du pays.

Faite ainsi, la nomination de l'homme éminent qui devra présider pendant quelque temps aux destinées de la France, présentera à toutes les fractions conservatrices de la Chambre et du pays de réelles et sérieuses garanties et pourra convenir à une république conservatrice définitive tout aussi bien qu'à la république *de fait* que nous avons aujourd'hui, puisque cette dernière ne diffère de l'autre qu'en ce qu'elle veut d'abord connaître les véritables aspirations de la France pour s'y conformer, et que c'est pour cela qu'elle voudrait, avec raison, maintenir le *statu quo* jusqu'à ce qu'un programme complet de gouvernement *monarchique* ou *républicain*, parfaitement précisé d'avance dans son ensemble et dans ses détails, ait enfin réussi à obtenir l'adhésion de la *majorité* dans la chambre et dans le pays.

Dans le cas où la monarchie légitime et constitutionnelle arriverait à obtenir cette majorité dans cette Chambre ou dans celle qui la suivra, le président, sans changer d'attributions, prendrait le nom de lieutenant général du royaume pendant la durée du septennat et même jusqu'à ce que certaines difficultés de détail aient complétement disparu.

Mais si aucun programme n'arrive à obtenir cette majorité ni dans la Chambre actuelle ni dans celle qui la suivra, évidemment la république conservatrice *de fait* qui nous régit deviendra, avec le temps et par la force des choses, le gouvernement *définitif* de la France ; mais alors, par suite de l'adhésion loyale de tous les monarchistes désillusionnés, sa stabilité et sa durée seront bien plus assurées que si elle était prématurément proclamée définitive, grâce à l'appui momentané de ses ennemis de la veille, qui, dès le lendemain, redeviendront inévitablement ses adversaires.

E. C.

Rouen. — Imp. MÉGARD et Cᵉ, rue Saint-Hilaire, 136.